Rudolf Steiner

Was ist Anthroposophie?
Wie der Geist das Leben schön macht

Ein öffentlicher Vortrag,
gehalten in Köln am 23. Januar 1922

Rudolf Steiner
Ausgaben

Der Wortlaut der in den *Rudolf Steiner Ausgaben* gedruckten Vorträge Rudolf Steiners geht auf die ursprünglichen Klartextnachschriften und Erstdrucke zurück, unter Berücksichtigung der danach erfolgten Veröffentlichungen.

3. Auflage 2019

Herausgeber und Redakteur machen in Bezug auf den
hier gedruckten Text Rudolf Steiners keine Rechte geltend.

Herausgeber: Rudolf Steiner Ausgaben
(Monika Grimm, Bad Liebenzell)

Redaktion: Pietro Archiati, Bad Liebenzell

Korrektorat: Ute von Herrmann, Stuttgart

Druck: GGP Media GmbH, Pößneck

ISBN: 978-3-86772-301-5

Rudolf Steiner Ausgaben e. K.
Burghaldenweg 37 · D-75378 Bad Liebenzell
Telefon: (07052) 935284 · Telefax: (07052) 934809
anfrage@rudolfsteinerausgaben.com
www.rudolfsteinerausgaben.com

Inhalt

- Die Pädagogik sowie das gesamte soziale Leben können durch die Erkenntnis des Seelischen und des Geistigen erneuert werden. Das Erkennen des ewigen Geistes in jedem Menschen gibt der Religion eine tiefere Grundlage und der materialistischen Kultur eine Seele *S. 43*

Was ist Anthroposophie?

Wie der Geist das Leben schön macht

Köln, 23. Januar 1922

Meine sehr verehrten Anwesenden!

Anthroposophie wird heute noch von vielen Menschen, die sie nur von außen her anzuschauen in der Lage sind, als fantastischer (irrationaler) Versuch gesehen, durch Erkenntnis in Weltgebiete einzudringen, mit denen sich ein ernster Wissenschaftler nicht zu schaffen machen sollte.

Es ist richtig, dass Anthroposophie durch die Entwicklung besonderer Erkenntniskräfte in Lebensgebiete eindringen will, die für den Menschen wichtig sind und zu denen die Naturwissenschaft keinen Zugang hat. Es gibt heute ernst zu nehmende Wissenschaftler, die sich mit allerlei abnormen menschlichen Seelen- und Körperkräften befassen, die darauf hinweisen, dass der Mensch Wirkungen entfalten kann, die zeigen, dass er noch in anderer Weise in der Welt wurzelt, als durch bloße Naturwissenschaft festgestellt werden kann.

Aber gerade solche ernst zu nehmenden Wissenschaftler finden den Weg fantastisch, den Anthroposophie einschlägt. Sie finden, dass er der

Schwärmerei oder dem Aberglauben ausgesetzt ist. Sie sehen ihn nicht als einen Weg, den man wissenschaftlich ernst nehmen kann.

Aber auch die Menschen, die zu Schwärmerei, zu nebelhafter Mystik neigen und die von der Art sind, dass sie zu allem hinlaufen, was sich okkult (verborgen) nennt, die werden keineswegs durch die Anthroposophie Befriedigung finden. Denn diese Anthroposophie will arbeiten mit dem Ernst, mit der Methodik, die in der Richtung der neueren naturwissenschaftlichen Entwicklung liegt. Es muss vor allen Dingen das gesunde Denken in dieser Anthroposophie zur Anwendung kommen. Und so nehmen gerade die Schwärmer und die abergläubischen Leute von ihr sehr bald Abstand.

Das verhindert nicht, dass Menschen, die alles, was ihnen ungewohnt ist, mit einer leichten Handbewegung ablehnen und sagen: Nur neurasthenische (nervenschwache) oder hysterische Personen haben ein Interesse an anthroposophischer Forschung.

Meine sehr verehrten Anwesenden! Demgegenüber ist es schwierig, das Wesen der Anthroposophie in einem kurzen Vortrag an einem Abend klarzulegen. Ich will aber versuchen zu zeigen, welches die Wege der Anthroposophie sind, und wenigstens andeuten, zu welchen Ergebnissen diese Anthroposophie kommt.

Dadurch soll charakterisiert werden, dass die Anthroposophie nicht für Schwärmer oder für abergläubische Leute ist, sondern dass sie ein

Seelengut für all diejenigen sein kann, die mit einem gesunden Menschenverstand im praktischen Leben stehen, die aber gerade dadurch Halt und Sicherheit für das Seelenleben brauchen, die auch Kräfte brauchen, die im praktischen Leben nur wirksam sein können, wenn sie aus einer geistigen Welt heraus geschöpft sind und aus einer solchen heraus die Menschenseele tragen.

Keine geistige Forschung könnte heute Eindruck machen, die sich in Widerspruch zu dem stellen wollte, was in so bedeutsamer Weise im Laufe der letzten drei bis vier Jahrhunderte und insbesondere des 19. Jahrhunderts durch die Naturwissenschaft mit ihren praktischen Ergebnissen heraufgekommen ist.

Das will aber Anthroposophie nicht. Sie möchte gerade die Wege, die in der Naturwissenschaft zu bedeutungsvollen Ergebnissen geführt haben, bis in die geistige Welt hinein weiter beschreiten. Daher muss sie sich auf die Seite der besonnenen Naturforscher stellen, die aus einer gründlichen Verfolgung der naturwissenschaftlichen Wege von den «Grenzen der Erkenntnis» sprechen.

Diese Grenzen ergeben sich bald, wenn man bedenkt, dass die Naturwissenschaft nur die äußere Sinnenwelt beobachtet, nur durch den Intellekt, durch den Verstand die Tatsachen der äußeren Sinnenwelt kombiniert, die sich der Beobachtung oder dem Experiment ergeben, um dann gewisse Naturgesetze aus diesen Beobachtungen, aus diesen Experimenten abzuleiten – Naturgesetze, in die auch der Mensch mit seiner physischen Leiblichkeit eingespannt ist.

Aber die Versuche, die gemacht werden, um durch den bloßen Verstand, durch philosophisches Denken, über diese Grenzen hinauszukommen, die uns die Sinnenwelt setzt, sie lassen den unbefangenen Menschen unbefriedigt. Der unbefangene Mensch fühlt: Sobald das wissenschaftliche Denken, wie man es heute gewohnt ist, die Wege der Sinneserfahrung, der Beobachtung und des Experiments, verlässt, gerät es in Unsicherheit.

Der Streit der philosophischen Systeme zeigt, wie sehr man da mit dem sich selbst überlassenen Denken in Unsicherheit hineinkommt.

Gerade anthroposophische Forschung macht einem klar, dass dieses Denken, das wir im gewöhnlichen Leben und in der gewöhnlichen Wissenschaft haben, nicht aus einer Willkür heraus sich an die Sinneserfahrung bindet, sondern dass es seinem Wesen nach von dieser Sinneserfahrung abhängig ist, sodass es nur eine Sicherheit hat, wenn diese äußerliche Erfahrung, diese sinnliche Erfahrung es führt.

Meine sehr verehrten Anwesenden! Gerade wenn man nicht laienhaft, nicht dilettantisch naturwissenschaftlich denkt, dann sieht man das Unbefriedigende dieses sich selbst überlassenen Denkens, das philosophisch in das Übersinnliche eindringen will. Viele Menschen unserer Zeit halten daher nicht viel davon, ihre Seelenbedürfnisse, ihre Sehnsüchte gegenüber dem Ewigen in der Menschenseele durch solch ein sich selbst überlassenes Denken zu befriedigen.

In unserer Zeit, in der die alten Traditionen des religiösen Lebens und des Glaubens immer wankender werden, brauchen die Menschen neue Stützen. Daher finden sich viele tiefer veranlagte Gemüter, die einsehen: Eine auf das sich selbst überlassene Denken vertrauende Weltanschauung kann der Seele nicht den nötigen Halt, die nötige Sicherheit geben. Daher wenden sich solche tiefer veranlagten Naturen heute mystischen Bestrebungen zu.

Gerade wenn man von dem spricht, was Anthroposophie für den heutigen Menschen sein will, muss man die beiden Klippen charakterisieren, die sie in ihrer Forschung vermeiden muss:

- Die eine Klippe ist die *rein denkerische Weltanschauung,* die durch das sich selbst überlassene Denken in das Übersinnliche hinein-will,
- das andere sind die *mystischen Bestrebungen,* die dadurch in tiefere Schichten des menschlichen Seelenlebens vorzudringen suchen, dass der Mensch sich in das eigene Innere versenkt.

Solche Bestrebungen suchen aus den tieferen Schichten der Seele das heraufzuholen, was im gewöhnlichen Leben nicht da ist und was das Ewige in der Seele mit dem Ewigen der die Welt lenkenden Mächte verbindet.

Anthroposophie muss auf diese beiden Klippen aufmerksam machen aus dem Grund, weil sie zeigen muss, wie ernst es ihr ist, weder nach der einen noch nach der anderen Seite hin leichtsinnig bei etwas stehenzubleiben, was einen sicheren Halt der Erkenntnis nicht geben kann.

Wer unbefangen das menschliche Seeleninnere beobachtet, meine sehr verehrten Anwesenden, der kann ebenso wenig bei einer nebelhaften Mystik stehenbleiben, wie er durch das sich selbst überlassene Denken über die Grenzen der Naturerkenntnis hinauskann. Man weiß nicht, wie das, was im Inneren der Seele lebt, mit den äußeren sinnlichen Eindrücken zusammenhängt. Man weiß nicht, wie das wirkt, was menschliches Gedächtnis, menschliche Erinnerung ist.

Da hat jemand vielleicht vor Jahrzehnten unbewusst, ohne dass er es voll bemerkt hat, irgendeinen Eindruck aus der Außenwelt empfangen. Dieser ist hinuntergezogen in das seelische Leben, da hat er sich verwandelt. Er hat sich mit dem menschlichen Gefühlsleben verbunden, hat sich mit den menschlichen Sympathien und Antipathien, mit den Willensimpulsen verbunden. Er ist etwas ganz anderes geworden, aber er ist nur ein umgewandelter äußerer Eindruck.

Dann wird er durch innere Versenkung aus der Seele heraufgeholt und für etwas gehalten, was aus den ewigen Weltgründen kommt, nicht für etwas, was aus der Außenwelt durch einen äußeren Eindruck gekommen ist. Illusionen über Illusionen können auf diese Weise bei der Mystik entstehen.

Daher kann Anthroposophie nicht bei diesem mystischen Sichversenken in das menschliche Innere stehenbleiben, wenn dieses menschliche Innere so genommen wird, wie es im gewöhnlichen Leben dasteht und wie es auch zur Forschung in der gewöhnlichen Wissenschaft verwendet wird.

Gerade weil Anthroposophie sich ganz klarmacht, dass man weder durch Durchbrechen der sinnlichen Erscheinungen mit dem gewöhnlichen menschlichen Erkennen nach außen hin, noch durch innere Versenkung, zu irgendetwas vordringen kann, was nicht in diesem gewöhnlichen Leben schon gegeben ist, gerade deshalb muss Anthroposophie nach Erkenntniskräften suchen, die in der menschlichen Seele schlummern und die erst entwickelt werden müssen. Man könnte auch sagen, wenn man einen wissenschaftlichen Ausdruck gebrauchen will: Sie liegen in der Seele «latent» und können herausgeholt werden.

Dass es solche in der Menschenseele schlummernden Kräfte gibt, die herausgeholt werden können, die höhere Erkenntniskräfte werden können, als die des gewöhnlichen Lebens und der gewöhnlichen Wissenschaft sind, das kann nur die Praxis erweisen, von der ich heute Abend sprechen will. Dass man aber überhaupt dazu gelangt, durch eigene Seelenentwicklung solche Erkenntniskräfte zu suchen, dazu gehört etwas, was ich nennen möchte: intellektuelle Bescheidenheit.

Diese intellektuelle Bescheidenheit muss einem in einem Moment des Lebens sagen: Du warst einmal ein Kind mit träumender Seele, die der Außenwelt gegenüber ohne alle Orientierung war, mit einer Seelenverfassung, die dumpf war gegenüber der, die du heute in dir trägst. Die äußere Erziehung und das Leben haben aus deiner Seele herausgeholt, was in ihr schlummerte. Sie haben die Erkenntniskräfte herangebildet, die heute allgemein anerkannt sind bei einem Menschen, der eine entsprechende Erziehung gehabt hat.

Durch intellektuelle Bescheidenheit muss man sich sagen: Man kann von dem Standpunkt aus, den man durch die Erziehung und durch das Leben errungen hat, man kann seine Selbstentwicklung in die eigenen Hände nehmen und sich weiterbringen, als man ist. Man kann weitere in der Seele schlummernde Kräfte aus dieser herausholen.

Und mit solchen bei jedem Menschen in der Seele schlummernden Kräften, die nichts anderes darstellen als eine Fortsetzung der normalen Seelenkräfte, mit solchen Kräften will Anthroposophie

- nach dem forschen, *was hinter der Sinnenwelt* liegt und
- nach dem, *was als Ewiges in der Menschenseele* verborgen ist,

und was mit den allerwichtigsten Sehnsüchten und Lebensrätseln dieser Menschenseele zusammenhängt.

Ich werde nicht von äußeren Maßnahmen zu sprechen haben, die zu treffen sind, um solche in der Seele schlummernden Kräfte zu entwickeln, ich werde von intimen (inneren) Übungen der menschlichen Seele zu sprechen haben, wenn ich die Wege charakterisieren will, die Anthroposophie in die übersinnliche Welt hinein nimmt.

Ich habe in meinem Buch *Wie erlangt man Erkenntnisse der höheren Welten?,* im zweiten Teil meiner *Geheimwissenschaft* und in anderen Büchern im Einzelnen auf das hingewiesen, was an Seelenübungen gemacht werden muss, damit der Mensch zu solchen übersinnlichen Erkenntnissen kommt. Ich werde das, was dort ausführlich beschrieben ist, heute seinem Prinzip nach zu kennzeichnen haben.

Das Erste, worum es sich handelt, ist eine Entwicklung der Seele nach der Gedankenseite hin. So wie man einen Muskel dadurch stärken kann, dass man ihn arbeitend gebraucht, so kann man die Gedankenkräfte stärken, indem man sie in rhythmischer Folge immer wieder gebraucht, sodass sie etwas ganz anderes werden, als sie zunächst sind.

Dazu ist notwendig, dass man eine leicht überschaubare Vorstellung oder einen leicht überschaubaren Vorstellungskomplex in den Mittelpunkt des Bewusstseins rückt, dass man dann das ganze Seelenleben, indem man durch starke innere Willkür (Freiheit) die Aufmerksamkeit von allem Übrigen abzieht, auf diese eine Vorstellung oder auf diesen einen Vorstellungskomplex konzentriert.

Damit man erreicht, was zu erreichen notwendig ist, muss dieser Vorstellungskomplex so sein, dass er nicht unserem Erinnerungsleben entnommen ist. Ich habe schon angedeutet, wie das, was wir aus dem Erinnerungsleben heraufholen, uns in Illusionen versetzen kann. Es bringt uns Reminiszenzen herauf, die im Unbewussten schlummern. Man kann nicht wissen, was da alles aus der Seele kommt, wenn man aus seinem Erinnerungsleben eine Vorstellung in den Mittelpunkt des Seelenlebens versetzt und sich dann darauf konzentriert.

Man nimmt daher etwas, einen Spruch, einen Satz, den man in irgendeinem fremden Buch findet. Es kommt nicht auf den Inhalt an, sondern darauf, dass man das Denken in der Gedankenarbeit erkraftet, und dass man dazu irgendeine Materie nimmt, die einem bisher nicht bekannt war, die neu in das Seelenleben eintritt.

Oder man lässt sich von einem auf diesem Gebiet erfahrenen Menschen einen Spruch geben. Denn das, worauf es ankommt, ist, dass das, was in den Mittelpunkt des Seelenlebens hereindringt und auf das man das ganze Seelenleben konzentriert, auf das man alle Aufmerksamkeit verwendet, dass das so an den Menschen herantritt wie eine Farbe, ein Ton oder ein sonstiger äußerer Sinneseindruck.

Dasjenige, dem Anthroposophie auf diesem Forschungsweg nachstrebt, das ist die äußere sinnliche Wahrnehmung. Diese äußere sinnliche Wahrnehmung, sie bietet sich so dar, dass sie von außen an uns herankommt, dass wir genötigt sind, ihren Inhalt hinzunehmen.

So wie der Mensch der äußeren Wahrnehmung als etwas Fremdem gegenübersteht und gerade dadurch lebhaft seine Aufmerksamkeit auf sie wendet, gerade so soll das, von dem ich gesagt habe, dass es in den Mittelpunkt des Erlebens gerückt wird, dem Seelenleben gegenüberstehen. Denn so lebendig soll der Mensch sein Denken erkraften, wie er sich sonst nur verhält, wenn er einem äußeren Sinneseindruck gegenübersteht.

Dadurch mache ich schon darauf aufmerksam, meine sehr verehrten Anwesenden, dass das, was Anthroposophie als Erkenntnisweg anstrebt, nicht mit dem verwechselt werden darf, was zu der pathologischen, der krankhaften Seite des Seelenlebens hinneigt.

Für den, der das menschliche Seelenleben unbefangen betrachtet, ist es klar, dass schon die gewöhnliche Erinnerung an den physischen

Organismus gebunden ist. Wenn sich das Gebundensein der menschlichen Seele an den physischen Organismus im Erinnern nach der abnormen Seite hin entwickelt, wenn das Seelenleben noch mehr an den physischen Organismus gebunden ist, treten jene pathologischen Zustände auf, die sich in Halluzinationen, Visionen und Suggestionen kundgeben und die gerade am entgegengesetzten Pol dessen liegen, zu dem der anthroposophische Erkenntnisweg führt.

- Was uns da als *pathologisch* entgegentritt, das führt das Seelenleben tiefer in die *körperlichen Funktionen* hinunter, als die Erinnerungsfähigkeit liegt;
- was durch die geschilderte *Erkraftung des Denkens* ausgebildet wird, das macht das menschliche Denken immer ähnlicher dem Verhalten der menschlichen Seele beim Aufnehmen eines sinnlichen *Wahrnehmungseindrucks.*

Wie der Mensch dem sinnlichen Eindruck viel lebendiger hingegeben ist als dem gewöhnlichen, passiven Denken, so soll das Denken erkraftet werden, damit es so lebendig, so intensiv wird, wie sonst das Erleben eines äußeren sinnlichen Eindrucks. Gerade an diesem Lebendigwerden der Gedankenwelt merkt man immer mehr, dass man in ein Seelenleben eindringt, das nicht das gewöhnliche ist.

Wir wissen, meine sehr verehrten Anwesenden, wie blass das gewöhnliche Gedankenleben ist gegenüber dem Leben in sinnlichen Eindrücken und überhaupt in äußeren Vorgängen. So wie man sonst in sinnlichen Eindrücken lebt, so soll das ganze Gedankenleben für die Zeiten werden, in denen man sich der übersinnlichen Erkenntnis hingibt.

Nun muss ich, damit ich nicht missverstanden werde, noch einen anderen Unterschied angeben gegenüber den abnormen Seelenzuständen, die ich eben genannt habe.

Bei dem, der solch erkraftetes Denken entwickelt, bleibt immer die gewöhnliche Persönlichkeit in ihrer gesunden Seelenverfassung bestehen. Es entwickelt sich eine zweite Persönlichkeit, und die erste, die Persönlichkeit mit dem gesunden Menschenverstand, bleibt kontrollierend neben der Persönlichkeit mit der höheren Erkenntnisfähigkeit erhalten.

Wenn aber jemand in Halluzinationen oder Visionen verfällt, wenn er zum Medium wird, wenn er Suggestionen ausgesetzt ist, dann geht seine ganze Persönlichkeit in den Zustand des Halluzinierens über.

Das ist der radikale Unterschied des anthroposophischen Weges, dass die gewöhnliche Persönlichkeit immer so gesund wie sonst im Leben dasteht, dass sie kontrollierend, Kritik übend, neben der entwickelten anderen Persönlichkeit bestehen bleibt.

Indem das vorausgeschickt ist, darf noch gesagt werden, dass es je nach Anlage bei dem einen Jahre, bei dem anderen nur Monate dauert. Mancher kann das in wenigen Wochen durch Meditation und durch Konzentration auf einen bestimmten Gedankeninhalt erreichen. Es kann dadurch erreicht werden, dass der Mensch beim Denken etwas Ähnliches fühlt wie bei der Sinneswahrnehmung.

Beim gewöhnlichen Denken braucht der Mensch den physischen Organismus. Anthroposophische Geisteswissenschaft erkennt das Berechtigte des Materialismus voll an. Der Mensch braucht, um überhaupt seine Seelenfähigkeiten im Leben und in der Wissenschaft zu entwickeln, den physischen Leib. Er wird vom physischen Leib erst frei, indem er das Denken erkraftet, intensiver macht. Das Denken wird dann vom physischen Leib so frei, wie die äußeren sinnlichen Erscheinungen vom physischen Leib frei sind.

Bedenken wir, wie unabhängig der physikalische Apparat des Auges von dem übrigen menschlichen Organismus ist. Ich kann das jetzt nicht weiter charakterisieren, ich möchte es nur andeuten: Was im Auge unter dem Einfluss der Außenwelt geschieht, das bewirkt, dass der Mensch in den Sinneswahrnehmungen des Auges einer objektiven Welt hingegeben ist. Indem er sein Denken mit dieser objektiven Welt verknüpft, wird auch das Denken selbst in eine objektive Welt hineingeführt.

Der Mensch kommt durch die sinnliche Wahrnehmung aus sich heraus.

Es ist hier nicht der Ort, tiefere erkenntnistheoretische Betrachtungen anzustellen, aber das, was ich sage, kann jedes einfache Menschengemüt einsehen.

Wenn der Mensch Meditations- und Konzentrationsübungen macht, wie ich sie beschrieben habe, kommt er aus sich heraus. Dann aber merkt er, dass er allmählich lernt, das seelische Leben unabhängig vom Leib zu entwickeln. So paradox es für den Menschen der Gegenwart klingt: Man lernt durch Erfahrung, durch Lebenspraxis kennen, was es heißt, außerhalb des physischen Organismus Gedanken zu haben.

Diese Gedanken sind anders als die gewöhnlichen Gedanken, auch als die Gedanken, die sich mit Naturgesetzen befassen. Bildhaft wie die äußeren Sinneseindrücke selbst sind diese erkrafteten Gedanken.

Ich habe in den genannten Schriften diese Stufe des Erkennens die «imaginative Stufe» (lat. imago = Bild) genannt. Imaginativ nicht deshalb, weil man sich etwas einbildet, sondern weil das Denken aus der abstrakten Form in eine bildhafte Form übergeht. Was aber innerhalb dieses imaginativen Denkens notwendig ist, das ist, dass man weiß: Du trägst jetzt in deinen Gedankenbildern etwas in dir, was nur innerhalb deiner eigenen Wesenheit lebt.

Sie sehen, mit welcher Vorsicht der anthroposophische Erkenntnisweg geschildert werden muss. Man muss darauf aufmerksam machen, dass diese erste Stufe zwar intensiver das Innere des Menschen erleben lässt, dass sich aber der Mensch klar werden muss, dass er noch keine Außenwelt, sondern nur dieses menschliche Innere erlebt.

Aber wir gelangen schon zu einem ersten Ergebnis, wenn wir das Innere an einem solchen bildhaften, an einem solchen imaginativen Vorstellen erkraften. Wir gelangen nach und nach dazu, wie in einem umfassenden Lebenstableau all das vor der Seele zu haben, was uns seit der Geburt bis zu dem gegenwärtigen Augenblick gebildet hat.

Wir tragen das, was wir in der Seele haben, sonst nur in Form der gewöhnlichen Erinnerung in uns. Die Strömung, aus der die Erinnerung an dieses oder jenes Erlebnis auftaucht, diese Strömung verläuft unbewusst. Wir wissen, wie abgeschattet diese Erinnerungsbilder gegenüber den Erlebnissen sind, wenn wir in ihnen drinstehen.

Mit diesen Erinnerungsbildern darf nicht verwechselt werden, was jetzt vor der imaginativen Erkenntnis auftritt. Nicht bloße Erinnerungen treten auf, sondern es tritt das auf, was einem andeutet, wie man geworden ist. Bis in die ersten Jahre der Kindheit hinein sieht man die innerlichen Kräfte, die einen als Lebenskräfte herangebildet haben. Man sieht, wie sich die moralischen und die intellektuellen Fähigkeiten entwickelt haben, wie diese sich in die Wachstums- und Ernährungskräfte hineingegliedert haben.

Man schaut in das menschliche Innere hinein. Man lernt erkennen, was ich den Bildekräfteleib des Menschen nenne. Man lernt einen zweiten Leib kennen.

Wenn man ihn genau charakterisieren will, so muss man sagen: Er ist ein Zeitleib, er ist etwas, was sich immer beweglich fortentwickelt. Man kann es nicht zeichnen, ohne dass man sich bewusst ist, dass man so zeichnet oder malt, wie man den Blitz malt. Was in der Zeit beweglich ist, kann man nur in einem Augenblick festhalten. So auch diesen menschlichen Bildekräfteleib. Er ist ein einheitlich in der Zeit verlaufender Organismus und man muss ihn in einer solchen Art verstehen.

In älteren Zeiten hat es Ahnungen für solche höheren Erkenntnisse immer gegeben. Man hat das, was ich Bildekräfteleib nenne, auch Ätherleib oder Lebensleib genannt.

Lernt man diesen Ätherleib in der angedeuteten Weise erkennen, nicht durch logische Schlüsse, sondern durch unmittelbare innere Anschauung mit der imaginativen Erkenntnis, dann weiß man: Was menschliche Organisation ist, das spielt sich nicht dadurch ab, dass eine Summe von chemischen und physikalischen Kräften da ist, die den menschlichen Körper aufbauen, sondern dadurch, dass bei der Geburt mit dem

Geistigen ein zweiter Leib in die physische Organisation eingezogen ist, dass ein übersinnlicher Leib darin arbeitet, der nicht räumlich ist, sondern der zeitlich ist, der immer beweglich ist.

Man lernt die innere Verwandtschaft erkennen, die zwischen dem Denken, dem Vorstellen, und den Wachstumskräften besteht. Solange man den Menschen nur physiologisch oder biologisch betrachtet, findet man auf der einen Seite die Wachstumskräfte, auf der anderen Seite die abstrakten Denkkräfte. Durch die imaginative Anschauung lernt man aber erkennen, dass ein Übergang von den Denkkräften zu den Wachstumskräften stattfindet, dass das Vorstellen selbst, indem es sich immer mehr erkraftet, in das hineinführt, was das Wachstum bewirkt, sodass es im heranwachsenden Menschen von Stufe zu Stufe dem organischen Leben entspricht.

So ist imaginative Erkenntnis ein erstes Ergebnis anthroposophischer Forschung. Es genügt aber nicht, dass man bloß das Seelenleben auf irgendeine Vorstellung oder auf einen Vorstellungskomplex konzentriert, sondern es müssen neben solchen Übungen auch andere betrieben werden.

Obwohl alles, was ich geschildert habe, darauf hinzielt, dass der Mensch in voller Willkür, mit innerer Besonnenheit, solche Übungen ausführt und zur Konzentration auf eine gewisse Vorstellung kommt, so ist es doch so, dass man sich zu stark an solche Vorstellungen hingegeben fühlt, wenn nicht auch Seelenübungen in eine andere Richtung vorgenommen werden.

Der Mensch muss daher ebenso treulich, wie er sich auf gewisse Vorstellungen konzentriert, er muss Übungen machen, damit diese Vorstellungen jederzeit, wenn er will, aus dem Bewusstsein gelöscht werden. Dann kommt er dazu, das herzustellen, was wir ein leeres Bewusstsein nennen können.

Leeres Bewusstsein ist sonst beim Menschen nur vorhanden in der Zeit vom Einschlafen bis zum Aufwachen. Ist man nicht durch eine Schule der Übung hindurchgegangen, dann ist die Gefahr vorhanden, dass in dem Augenblick, wo das Bewusstsein von äußeren Eindrücken leer wird, eine Art Schlafzustand eintritt.

Gerade das ist das Wesentliche für das weitere Fortschreiten anthroposophischer Forschung, dass ein leeres Bewusstsein hergestellt wird, ohne dass der Mensch in einen Schlaf- oder Traumzustand kommt, sondern dass er, ohne dass er irgendetwas vorstellt, so voll bewusst bleibt, wie er sonst bei äußeren Eindrücken oder bei stark entwickeltem Gedanken-, Gefühls- oder Willensleben ist.

Und dann, wenn zuerst das Gedankenleben in der geschilderten Weise gekräftigt worden ist – so stark gekräftigt worden ist, dass man im unmittelbaren Erleben innerlich das Erinnerungstableau erfasst, von dem ich gesagt habe, dass es einem das ganze bisherige Erdleben wie ein gewaltiges Tableau vor Augen stellt –, wenn man so weit das Vorstellungsleben gekräftigt hat, dann bringt man es auch dazu, bei völligem Wachsein die Vorstellungen, die man in den Mittelpunkt des Bewusstseins gerückt hat, wieder aus dem Bewusstsein herauszuwerfen und ein leeres Bewusstsein herzustellen.

Hat man es dazu gebracht – es ist wiederum je nach Anlage der Menschen verschieden, ob man längere oder kürzere Zeit dazu braucht, man kann nur sagen: Anthroposophische Forschung ist nicht leichter als die Forschung auf der Sternwarte, im Labor oder in der Klinik, man muss lange Zeit ausdauernd und emsig solche Übungen machen, wie ich sie jetzt schildere –, hat man es dazu gebracht, einzelne Vorstellungen aus dem Bewusstsein herauszuwerfen und ein leeres Bewusstsein herzustellen, dann kann man auch das, was sich als ein Erinnerungstableau vor die Seele gestellt hat, was einem als Bildekräfteleib, als Zeitorganismus aufgetreten ist, aus dem Bewusstsein herausschaffen.

Dazu gehört eine sehr starke innere Seelenkraft. Man muss sie erwerben dadurch, dass man erst einzelne Vorstellungen abdämpft bis zum leeren Bewusstsein. Man erlangt zuletzt auch die Kraft, den ganzen Bildekräfteleib abzudämpfen, sodass er in tiefere Schichten des Bewusstseins hinunterdringt.

Dann kann der Moment eintreten, wo die zweite Stufe der übersinnlichen Erkenntnis eintritt, die ich die «inspirierte Erkenntnis» nenne. Stoßen Sie sich nicht an dem Ausdruck, man muss überall Ausdrücke haben. Solche Ausdrücke meinen nichts Traditionelles oder Abergläubisches, sondern nur das, was ich charakterisiere.

Nachdem man also zuerst das Denken erkraftet hat, nachdem man dann die Seele soweit erkraftet hat, dass ein leeres Bewusstsein hergestellt worden ist, kann in dieses leere Bewusstsein die objektive geistige Welt eindringen, wie die Atemluft in die Lunge als etwas Objektives eindringt.

Und jetzt wird Anschauung, was der Mensch durchlebt hat, bevor er sich als seelisches Wesen mit dem physischen Leib verbunden hat. In diesem Moment der inneren Seelenforschung tritt ein, dass das Seelische in seiner eigenen Wesenheit vor dem Schauen auftritt, dass man die Seele schaut, wie sie in einer rein geistigen Welt war, bevor sie sich durch die Geburt mit den leiblichen Stoffen und Kräften verbunden hat, die ihr von den Eltern und Voreltern durch Vererbung mitgegeben worden sind.

Das ist das Wesentliche der anthroposophischen Forschung, dass sie nicht durch bloßes Denken, auch nicht durch mystisches Versenken, sondern durch Entwicklung von Seelenkräften, die im Inneren des Menschen schlummern, zum Schauen des Geistigen vorrückt.

Man könnte, wenn man so etwas hört, leicht sagen: Nun ja, dann können von der Unsterblichkeit der Menschenseele nur diejenigen mit Überzeugung sprechen, die zu solchen Erkenntnissen aufrücken!

Durch die Bücher, die ich genannt habe, wird für jeden Menschen das ermöglicht, was ihn die ersten Schritte zu einer übersinnlichen Erkenntnis machen lässt. Und wenn das auch heute ungewohnte Seelenwege sind – derjenige, der in sie eingedrungen ist, der weiß, dass sie mehr und mehr die Wege der Menschheitsentwicklung sein werden.

Weil sie heute wie ein Erstes in die Geistesentwicklung der Menschheit eintreten, deshalb nehmen sie sich für viele paradox aus. Aber ebenso wenig wie man ein Maler zu sein braucht, um von einem guten Gemälde entzückt zu sein, es in seiner Wesenheit zu durchschauen, in dem, was der Maler gewollt hat, ebenso wenig braucht man ein anthroposophischer Forscher zu sein, um dasjenige als wahr anzuerkennen, was vom anthroposophischen Forscher geltend gemacht wird.

Der gesunde Menschenverstand reicht hin, um es zu würdigen, so wie das gewöhnliche Empfinden gegenüber einer künstlerischen Leistung hinreicht. Denn es ist in der menschlichen Seele eine ursprüngliche Anlage für das Empfinden der Wahrheit. Deshalb kann man nicht sagen, dass nur der, der selbst Geistesforscher ist, die Ergebnisse der Geistesforschung anerkennen kann.

Man hat sich in der Menschheitsentwicklung durch viele Jahrhunderte daran gewöhnt, solche Dinge überhaupt nicht gelten zu lassen. Das hat die Vorurteile hervorgerufen, die das, was die anthroposophische Forschung als ihre Wege und ihre Ergebnisse charakterisiert, als nicht vernünftig erscheinen lassen.

Ich habe geschildert, meine sehr verehrten Anwesenden, wie der Mensch zu seinem Unsterblichen kommt, indem er sich nach der einen Seite hin entwickelt und durch imaginative und inspirierte Erkenntnis über die Geburt hinausschaut.

Die Wege anthroposophischer Forschung müssen aber noch weitergehen. Nicht bloß das, was Vorstellungskraft, was Gedankenkraft ist, sondern auch das, was menschliche Willenskraft ist, soll zu einer höheren Stufe entwickelt werden. Auch davon will ich wieder das Prinzipielle andeuten.

Was das Innerlichste der menschlichen Seele ist, das menschliche Fühlen, der menschliche Gemütsinhalt, das liegt zwischen dem Denken und dem Wollen. Was im Mittelpunkt der Seele als unser Gefühlsleben ruht, das entwickelt sich mit in die höheren Welten hinein, wenn wir auf der einen Seite das Vorstellungsleben, auf der anderen Seite das Willensleben entwickeln.

Ist nach der einen Seite das Erleben der äußeren Wahrnehmung eine Art Ideal, so wird nach der anderen Seite für die Entfaltung der in der Seele schlummernden Willenskräfte das ein Ideal, was im sittlichen Leben, vor allen Dingen im Leben hingebungsvoller Liebe, in der Seele stattfindet.

Ich weiß, meine sehr verehrten Anwesenden, wenn von hingebungsvoller Liebe gesprochen wird, da wird etwas genannt, was viele Menschen weit entfernt von allen Erkenntniskräften sehen. Aber es ist auch nicht die Rede davon, dass die Liebe, so wie sie im gewöhnlichen Leben vorhanden ist, schon irgendeine Erkenntniskraft sein kann.

- So wie auf der einen Seite das *Denken weitergebildet* werden muss,
- so muss auf der anderen Seite die Fähigkeit hingebungsvoller *Liebe weitergebildet* werden,

um dadurch den Willen ebenso frei von dem physischen Organismus zu machen wie das Gedankenleben.

Es scheinen nicht Übungen in der Liebesfähigkeit zu sein, die da in Betracht kommen, aber sie führen zu einer bis zur Erkenntnisfähigkeit gesteigerten Liebesfähigkeit. Ich will auch hier das Prinzipielle andeuten.

Eine Übung, die insbesondere den Willen entwickelt, ist die folgende: Man stellt sich irgendetwas in umgekehrter Reihenfolge vor, von dem man gewohnt ist, es sich nur vom Früheren zum Späteren, vom Anfang zum Ende vorzustellen.

Man stellt sich zum Beispiel ein Drama von dem letzten Ereignis des fünften Aktes rückwärts bis zum ersten Ereignis des ersten Aktes vor. Oder man stellt sich eine Melodie umgekehrt vor. Oder auch man stellt sich am Abend das gewöhnliche Tagesleben in umgekehrter Reihenfolge vor. Aber man muss möglichst auf die Einzelheiten eingehen, man muss kleine Partien umgekehrt vorstellen. Was hat das für einen Sinn?

Meine sehr verehrten Anwesenden! Im gewöhnlichen Leben entfalten wir das Denken an der äußeren Tatsachenfolge. Das Denken ist passiv der äußeren Tatsachenfolge hingegeben. Dadurch macht es sich von den Gesetzen des physischen Organismus abhängig. Wie der physische Organismus mit den physischen Sinnen der äußeren Tatsachenfolge hingegeben ist, so ist das Denken von dieser Tatsachenfolge abhängig. Und indem es die Erlebnisse erinnerungsmäßig heraufbringt, bleibt es von der äußeren Tatsachenfolge abhängig.

Man wird einwenden: Mit dem logischen Denken macht sich der Mensch von dieser Tatsachenfolge unabhängig! Aber worauf zielt er, wenn er sich unabhängig machen will? Gerade darauf zielt er, die äußere Tatsachenfolge objektiv zu erkennen. Wir denken logisch, damit wir den räumlichen und zeitlichen Verlauf der Tatsachen durchschauen.

Aus dieser Abhängigkeit des Denkens von der äußeren Tatsachenwelt werden wir herausgehoben, indem wir von rückwärts nach vorne denken, also entgegen der äußeren Tatsachenfolge. Dadurch entwickeln wir den Willen weiter.

Im gewöhnlichen Seelenleben ist es so, dass Gedanken, Gefühle und Willensimpulse ineinanderspielen. Im Denken ist der Wille enthalten, indem der Mensch die Gedanken verbindet und trennt; und im Willen sind Gedanken wirksam, auch wenn der Zusammenhang der Gedanken für das gewöhnliche Bewusstsein so unklar ist wie im schlafenden Bewusstseinszustand.

Aber gerade der Wille entwickelt sich durch solches Umgekehrt-Denken frei und unabhängig von der Tatsachenwelt und auch von der menschlichen Körperlichkeit.

Fügt man zu diesen Übungen noch andere hinzu, die ich als gesteigerte Selbstschau bezeichnen möchte, vollzieht man eine solche Selbstschau, dass man das beobachtet, was man tut, was man denkt und fühlt, wie wenn man als ein anderer, als ein zweiter Mensch neben sich stehen würde, wird man so in Bezug auf den Willen bedächtig, dann reißt sich der Wille allmählich von der Körperlichkeit los.

Bedenken wir nur, wie der Mensch im gewöhnlichen Leben weitergebracht wird durch das, was das Leben selbst gibt. Jeder ist heute anders, als er vor zehn, vor zwanzig Jahren war. Das hat das Leben getan. Nimmt man aber die eigene Entwicklung selbst in die Hand, nimmt man sich vor, du sollst dir diese oder jene Eigenschaft einverleiben, arbeitet man darauf hin, sich neue Eigenschaften anzueignen, arbeitet man besonders energisch darauf hin, gewisse Gewohnheiten von sich loszubekommen, dann bildet man das aus, was den Willen von der physischen Leiblichkeit losreißt.

Und man gelangt jetzt dazu, den Willen nur insoweit in der Seele zu haben, als er überall ganz von Gedanken durchzogen ist. Er ist losgerissen von der Leiblichkeit, er ist durchsichtig geworden.

Bedenken wir, wie wenig durchsichtig der Wille ist, wenn wir den Gedanken fassen, die Hand zu heben. Der Gedanke, die Absicht ist klar, und nachher, wenn die Hand gehoben ist, sehen wir an dem Sinneseindruck, was geschehen ist. Was aber dazwischen liegt an Willensentfaltung, das bleibt für das gewöhnliche Bewusstsein so verborgen wie die Vorgänge des Schlafes. Jetzt aber erleben wir einen Willen, in dem wir ganz drinnen sind, wie wir sonst nur in den Gedanken drinnen sind. Wir erleben einen leibfreien Willen, der sich zu den leibfreien imaginativen und inspirierten Vorstellungen hinzufügt, die wir vorher bekommen haben.

Und jetzt, meine sehr verehrten Anwesenden, da wir erleben, wie unser Wille leibfrei wird, da wir mit dem Willen heraustreten aus unserem

Leib, jetzt erleben wir das Wesen der menschlichen Unsterblichkeit nach der anderen Seite hin. Denn dieses Heraustreten aus dem Leib ist nichts anderes als ein Erkenntnisbild dessen, was eintritt, wenn der Mensch durch die Pforte des Todes geht.

Das nenne ich die Stufe der «intuitiven Erkenntnis». Indem der Mensch das gewahr wird, was er durch den erstarkten Willen, durch den bedächtig gewordenen Willen erlebt, wenn er außerhalb des Leibes ist, das ist unmittelbar durch seine Eigenschaften ein Bild dessen, was als Seelisches in die geistige Welt eintritt, wenn der Mensch seinen physischen Leib zurücklässt.

In dieser intuitiven Erkenntnis lernt man erkennen die andere, über den Tod hinausgehende Seite der menschlichen Ewigkeit.

Meine sehr verehrten Anwesenden! Nicht als ein bloßer Gedanke tritt vor die anthroposophische Forschung das Ewige der Menschenseele, sondern es gliedert sich zusammen aus dem vorgeburtlichen und aus dem nachtodlichen Dasein, aus Ungeborenheit und Unsterblichkeit.

Und indem man so erkennen lernt, was ewig in der menschlichen Seele ist, lernt man auch die Welten erkennen, die diese Menschenseele umgeben, wenn sie in ihrem rein geistigen Dasein ist. Man schaut hin auf das, was die Seele vor der Geburt und nach dem Tod ist.

Es ist da die Einwendung möglich: Ja, wie weiß man denn, dass dasjenige, was man da bewusst anschaut, der Zeit nach wirklich vor der Geburt oder nach dem Tod liegt?

Wie schon bei der gewöhnlichen Erinnerung, wenn wir uns an ein Erlebnis erinnern, das wir vor zehn Jahren gehabt haben, die Erinnerung selbst die Zeit enthält, wie wir nicht glauben können, wir haben etwas im Bewusstsein, was nur in der Gegenwart da ist, wie der Bewusstseinsinhalt durch sich selbst auf die Zeit hinweist, in der das Erlebnis verlaufen ist, so trägt das, was wir geistig als Seelisches erleben, die Zeit vor der Geburt oder nach dem Tod in sich.

So werden wir auch die Welten gewahr, die nicht die sinnlichen sind, denn zwischen Geburt und Tod nehmen wir durch die Körpersinne nur die sinnliche Welt wahr. Jetzt sind uns die Welten aufgeschlossen, die wir vor der Geburt und nach dem Tod durch die Seelensinne wahrnehmen. Wir lernen sie als konkrete, wesenhafte Welten erkennen.

Und indem wir diese Welten erkennen lernen, lernen wir auch die geistige Welt erkennen, die uns immer umgibt, in die wir nicht durch philosophische Spekulation eindringen können. Wir dringen in sie ein, indem wir imaginative, inspirierte und intuitive Erkenntnis entwickeln.

Diese intuitive Erkenntnis, die für das Anschauen der geistigen Welt die höchste Erkenntnisstufe ist, tritt uns schon im gewöhnlichen Leben entgegen, wenn auch in anderer Form. Ich musste bereits Anfang der 90er Jahre (1890) in meiner *Philosophie der Freiheit* darauf aufmerksam machen, dass die moralischen Impulse des Menschen aus einer Welt geschöpft werden, die ich schon damals eine intuitive Welt genannt habe, eine Welt der geistigen Wesenhaftigkeiten.

Ich sagte schon in dieser *Philosophie der Freiheit:* Was die wahren moralischen Impulse sind, sie werden aus einer geistigen Welt geholt durch ein reines, sinnlichkeitsfreies Denken. Ich begründete die Freiheit im menschlichen Leben dadurch, dass ich darauf aufmerksam machte, dass die Frage der Freiheit gewöhnlich falsch gestellt wird.

Man fragt: Ist der Mensch frei oder unfrei? Er ist ebenso frei wie auch unfrei! Unfrei ist er in Bezug auf alles, was die gewöhnlichen Handlungen des Lebens sind, die an den physischen Organismus gebunden sind, wodurch sie von Instinkten und Trieben impulsiert werden. Aber der Mensch entwickelt sich mehr und mehr zur Freiheit, indem er dazu kommt, schon im gewöhnlichen Leben seine Impulse für das sittliche Leben durch reines Denken aus einer geistigen Welt heraus zu holen. Soweit ist der Mensch frei, als ihm seine moralischen Impulse aus einer geistigen Welt kommen.

Daher wird das, was der Mensch als moralische Intuitionen erfasst, zum Vorbild für das, was in anthroposophischer Forschung als die höchste Erkenntnisstufe, als die intuitive Stufe, geltend gemacht wird:

- Am *moralischen Leben* kann man lernen,
- wozu es auch das *Erkenntnisleben* bringen kann.

Für das moralische Leben ist es uns im gewöhnlichen Bewusstsein gegeben, solche Intuitionen zu haben. Sie sind in dem geborgen, was unser Gewissen uns darbietet. In Bezug auf die Erkenntnis der übersinnlichen Welten, denen die Menschenseele angehört, muss die intuitive Erkenntnis erst gesucht werden, nachdem man durch imaginative und inspirierte Erkenntnis durchgegangen ist.

Die inspirierte Erkenntnis bietet erst das Objektive, das Eintreten in eine fremde Welt; die intuitive Erkenntnis ist die völlige Hingabe an die objektive geistige Welt. Man lernt diese objektive Welt nur erkennen, wenn man erst zugibt, dass die imaginative Erkenntnis nur in die eigene subjektive Welt hineinführt.

Lernt man auf diese Weise eine geistige Welt erkennen, dann enthüllt sich auch all das, was als sinnliche Welt da ist, in Form eines Geistigen.

Das heißt, man bleibt für das Gebiet der Natur vollständig auf dem Boden der Naturwissenschaft, man redet nicht abstrakt von allerlei Geistigem in der Natur. Man steigt durch eine wirkliche Erkenntnis zu dem auf, was als geistige Wesenheiten geschaut wird, wenn die objektiv gesehenen sinnlichen Dinge vor dem geistigen Blick in der Art meta-morphosieren (sich wandeln), wie ich es nur in ein paar Fällen heute andeuten möchte.

In der sinnlichen Anschauung und für die gewöhnliche Wissenschaft ist die Sonne mit sinnlichen Konturen gegeben. Wir sehen sie für das gewöhnliche Bewusstsein mit sinnlichen Konturen gegeben im Weltraum. Die gewöhnliche Wissenschaft errechnet durch Astronomie und Astrophysik in Bezug auf diese Sonne ihr Richtiges, nicht Anzufechtendes.

Für die geistige Anschauung verwandelt sich die Sonne. Sie bleibt für die Persönlichkeit, die einem voll erhalten bleibt, so wie man sie sieht, sonst würde man zum Halluzinierenden und nicht zum Geistesforscher, aber was so erhalten bleibt, zeigt sich zu gleicher Zeit in seiner übersinnlichen Wesenheit.

Man lernt erkennen, dass die Sonne nicht nur das Wesen ist, das da draußen räumlich im Weltraum steht, sondern dass ein Sonnenhaftes, das nur im physischen Raum in der Sonne konzentriert ist, den ganzen Weltraum erfüllt und alle Wesen der Naturreiche durchdringt, auch den Menschen selbst durchdringt. Man lernt die geistige, übersinnliche Macht des Sonnenhaften erkennen.

Und so, wie man im gewöhnlichen Bewusstsein erkennen lernt, dass die äußeren Tatsachen im Inneren des Menschen als Gedanken, als

Empfindungen, als Auslöser von Willensimpulsen weiterleben, so lernt man erkennen, dass das geistige Sonnenhafte im Tieferen der menschlichen Natur seine Fortsetzung findet. Man lernt das Sonnenhafte in der eigenen menschlichen Natur erkennen.

Alles verwandelt sich von einem scharf Konturierten in ein Werdendes, in ein fortdauerndes Leben. Die inneren Organe des Menschen metamorphosieren vor dem übersinnlichen Blick so, dass sie im Werden erscheinen. Während Herz, Lunge, Gehirn und die anderen menschlichen Organe für den gewöhnlichen Blick scharf in sich abgeschlossen sind, geschieht es für den übersinnlichen Blick, dass wir nur von einem Herzprozess, einem Magenprozess, einem Gehirnprozess und einem Lungenprozess reden können. Alles geht in Leben über, alles wird lebendig.

Und indem sich das Sonnenhafte in dieses Leben ergießt, nehmen wir all das wahr, was aufsteigendes Leben ist, was wachsende Kräfte im Menschen sind, was auch die sprießenden, sprossenden Kräfte draußen in den Reichen der Natur sind – im Pflanzenreich, im Tierreich und im Mineralreich. Wir lernen jetzt, geistig die Reiche der Natur und das eigene menschliche Innere zu durchschauen.

Jetzt lernen wir auch erkennen, wie die einzelnen Organe den verschiedenen Gebieten und Wirkungskräften des Kosmos zugeteilt sind. Wir lernen erkennen, wie die Gehirnkräfte, indem sie in der ersten

Lebenshälfte in aufsteigender Entwicklung sind, den Sonnenkräften zugeteilt sind, wie auch die anderen Organe, namentlich das Herz, den Sonnenkräften zugeteilt sind.

Aber ebenso, wie nach der einen Seite hin das Sonnenhafte, lernen wir nach der anderen Seite hin das Mondhafte erkennen.

Wiederum ist der Mond nur sinnlich geschaut der fest umgrenzte Weltkörper. Es durchströmt aber ein Mondhaftes den ganzen Weltraum, alle Reiche der Natur und den Menschen selbst. Das schließt alle Kräfte des Abnehmens in sich ein, alle Kräfte der rückschreitenden Entwicklung, alle Kräfte, durch die wir altern, durch die unsere Organe sich abdämpfen, sich ertöten, in absteigende Entwicklung übergehen.

Man lernt jetzt von einer neuen Seite das Getriebe des menschlichen Organismus und das Getriebe der äußeren Natur erkennen, indem man das Sonnen- und das Mondhafte zusammenschaut. Und ebenso lernt man in Bezug auf andere Weltkörper, überhaupt in Bezug auf den Kosmos, das Werdende und das Absterbende erkennen. Man lernt es erkennen in seinem Wirken draußen in der Natur und in seinem Fortwirken im Inneren des Menschen.

Dadurch betritt man ein Gebiet, wo gezeigt wird, wie Anthroposophie für andere Wissenschaften befruchtend sein kann. Sie möchte sie weiterbilden, gerade indem sie voll anerkennt, was sie erreichen.

Geisteswissenschaft kann auf alle Gebiete des Lebens befruchtend einwirken.

Dadurch, dass man das Werden, das Prozesshafte des körperlichen Organismus durchschauen lernt, lernt man in einer inneren Weise das Gesundsein und das Kranksein des Menschen erkennen. Man lernt das Abbauende mancher organischer Prozesse erkennen, wie es in Krankheitsprozessen auftritt. Man lernt auch erkennen, wie man durch entgegengesetzte Prozesse zur Gesundung beitragen kann. Man lernt den Zusammenhang der äußeren Natur mit dem menschlichen Inneren erkennen.

Man lernt erkennen, wie gewisse abbauende, zerstörerische Kräfte des einen oder anderen Organs durch die sonnenhaften, aufbauenden Kräfte im Pflanzenreich und im Mineralreich ausgeglichen werden können. Man erkennt die Heilkräfte aus einem solchen Verfolgen des Übersinnlichen in der Natur und im Menschen.

Es kann aus der Anthroposophie das hervorgehen, was gerade für die Medizin aus ihr schon hervorgegangen ist. Ärzte haben die Anregungen aufgenommen, die von anthroposophischer Forschung ausgehen. In Dornach bei Basel sowie in Stuttgart sind klinisch-therapeutische Institute gegründet worden, die dabei sind, in exakter Weise die Heilmittel und Heilmethoden auszubilden, die sich aus den Anregungen der Anthroposophie ergeben.

Damit ist ein Beispiel für die Befruchtung genannt, die anthroposophische Forschung für die einzelnen Wissenschaften und für die praktischen Lebensgebiete liefern soll. Was sonst nur empirisch (erfahrungsgemäß) ausprobiert wird, von dem man erst nach dem Ausprobieren sagen kann, wie es im menschlichen Organismus wirkt, das wird durchschaut, weil nach dem Sonnen- und Mondhaften und nach den anderen kosmischen Prozessen der Naturprozeß und der innere menschliche Prozeß durchschaut wird.

Es kann eine rationelle Medizin, eine Medizin des Durchschauens der pathologischen und der Heilprozesse an die Stelle der bloßen experimentellen Medizin gesetzt werden.

Ebenso wird in Stuttgart ein physikalisch-biologisches Institut errichtet. Nur das will ich damit sagen: Die einzelnen Wissenschaften können durchaus von der Anthroposophie befruchtet werden.

Was Anthroposophie liefert, indem sie den Menschen auf sein Unsterbliches im Zusammenhang mit dem Übersinnlichen des Weltalls hinweist, es kann auch noch in anderer Weise befruchtend auf das Leben einwirken. Das sollte gezeigt werden an einem besonderen Beispiel, an dem Dornacher Bau, dem Goetheanum in Dornach bei Basel.

Anthroposophie wird schon lange Zeit betrieben, und es trat der Zeitpunkt ein, an dem eine Anzahl von Freunden die Veranlassung dazu gab, dass dieser Anthroposophie ein eigenes Heim gebaut wird. Die Verhältnisse, die ich hier nicht zu schildern habe, brachten dieses Heim der Anthroposophie, dieses Goetheanum, in die Nähe von Basel.

Hätte man auf einem nicht anthroposophischen Boden die Notwendigkeit gefühlt, einer geistigen Strömung ein eigenes Heim zu bauen, so wäre man mit diesem oder jenem Baumeister in Verbindung getreten. Da wäre vielleicht ein romanischer oder ein gotischer oder ein Renaissancebau oder dergleichen entstanden. Das konnte Anthroposophie nicht.

Man mag das, was nach der künstlerischen Seite entstanden ist, noch so sehr anfechten – wenn man von dem durchdrungen ist, was Anthroposophie der Seele als Gesinnung geben kann, dann ist man selbst ein strengster Kritiker und schildert das, was man zu schildern hat, nur als einen Anfang. Von diesem Gesichtspunkt aus sei auch das Goetheanum geschildert.

Es konnte sich bei der Anthroposophie, weil sie nicht einseitig strebt, sondern aus dem ganzen Menschen herausquillt und wiederum den ganzen Menschen in die Welt stellen will, es konnte sich bei der Anthroposophie nicht darum handeln, in einem beliebigen Stil einen Bau als Heim aufzuführen.

So wie die Nussschale in ihren einzelnen Formen nach genau denselben Gesetzen aufgebaut ist wie der Nusskern, wie wir in der Nussschale dieselben Kräfte wirken sehen wie im Nusskern selbst, so muss, wenn Anthroposophie nicht als eine Theorie, sondern als Leben aufgefasst wird, so muss das, was als ihre Umrahmung, als ihre bauliche Schale auftritt, genau aus demselben Geist heraus sein, aus dem auch die Ideen geholt sind, in denen das übersinnliche Leben dargestellt wird.

Daher musste all das, was in Dornach architektonisch, malerisch, plastisch oder sonst künstlerisch ausgeführt wurde, aus demselben Geist heraus sein, aus dem das ist, was auf dem Podium als Wort gesprochen wird. Nicht anders als der Nusskern zur Schale kann sich das in Gedankenformen Auftretende zu dem verhalten, was aus den Kunstformen spricht. Das sind nicht Allegorien oder Symbole, da ist alles Künstlerische aus der Wirklichkeit des Geistes geflossen.

Man darf sich, auch wenn das Ganze nur ein Anfang ist, man darf sich auf Goethe berufen, auf Goethes Kunstanschauung. Man braucht nur an das zu denken, was Goethe ausgesprochen hat: Wem die Natur ihr offenbares Geheimnis enthüllt, der empfindet eine tiefe Sehnsucht nach ihrer würdigsten Auslegerin, der Kunst.[1] In einem anderen Spruch sagt er aus

---

1 *Goethes Werke,* Dreiunddreißigster Teil, *Naturwissenschaftliche Schriften,* Vierter Band, Zweite Abteilung, herausgegeben von Rudolf Steiner, Stuttgart [1897], *Sprüche in Prosa,* 11. Abteilung, Kunst, S. 494: «Wem die Natur ihr offenbares Geheimnis zu enthüllen anfängt, der empfindet eine unwiderstehliche Sehnsucht nach ihrer würdigsten Auslegerin, der Kunst.»

derselben Gesinnung heraus: Die Kunst ist eine Manifestation geheimer Naturgesetze, die ohne sie niemals offenbar würden.[2]

Indem Anthroposophie in die Naturgesetze und in die Gesetze der geistigen Welt eindringt, fühlt sie sich auch für das Künstlerische inspiriert und möchte dem Stoff Leben einverleiben. Sie bekommt das richtige Materialempfinden, nicht um sich in irgendeinem Wolkenkuckucksheim wohl zu fühlen, sondern um das, was geistiges Leben ist, sich durch die Kunstform offenbaren zu lassen. So kann das, was über alle Theorie hinaus in die Erkenntnis des Übersinnlichen geht, zugleich befruchtend für das Gebiet der Kunst werden.

Nur einzelne Beispiele kann ich von dieser praktischen Auswirkung der Anthroposophie anführen.

Als Drittes möchte ich die freie Waldorfschule in Stuttgart anführen, die hier (in Köln) schon eine Nachfolge gefunden hat. Diese freie Waldorfschule ist von Emil Molt gegründet worden, und sie wird von mir geleitet.

Sie wird so geleitet, dass nicht in Opposition zu den Errungenschaften der Pädagogik und Didaktik des 19. und des beginnenden 20. Jahrhunderts getreten wird. Eingedenk ist man der pädagogischen Maximen

---

2 ebenda: «Das Schöne ist eine Manifestation geheimer Naturgesetze, die uns ohne dessen Erscheinung ewig wären verborgen geblieben.»

(Grundsätze), die da sind, aber gerade das, was heute oft auf dem Gebiet des Erziehungswesens als Sehnsucht nach Reformen auftritt, zeigt, dass etwas anderes notwendig ist, um die gut gemeinten Maximen der Pädagogen praktisch auszuführen.

Nicht neue theoretische Maximen an die Stelle der alten will Anthroposophie auf diesem Gebiet setzen, sondern sie will der praktischen Ausführung dienen. Daher ist die freie Waldorfschule in Stuttgart nicht eine Schule, wo Anthroposophie als Weltanschauung in die Kinder hineingepfropft wird. Das liegt uns ganz fern.

Wir haben den katholischen Religionsunterricht dem katholischen Seelsorger, den evangelischen Religionsunterricht dem evangelischen Seelsorger übertragen. Nur für die Kinder, die sonst Dissidentenkinder wären, haben wir durch einen freien Religionsunterricht gesorgt. Was Weltanschauung auf religiösem Gebiet ist, das ist nicht dasjenige, wodurch die Waldorfschule ihren spezifischen Charakter bekommt.

Das, wodurch sie wirken will, das ist, dass anthroposophische Erkenntnis den Menschen nach Leib, Seele und Geist erkennen lehrt – erkennen lehrt schon am Kind: dass man aus Menschenkenntnis heraus für jedes Schuljahr, für jeden Monat, für jede Woche den Lehrplan von dem Kind selbst abliest, dass man aus wahrer Menschenkenntnis heraus die pädagogische und die didaktische Kunst begründet.

In das Handhaben der Erziehung und des Unterrichts, in das Wie – wie man die Sache ausführt – soll hineinwirken, was Anthroposophie zu geben hat. Und wenn man dieser Anthroposophie nicht so mit Antipathie gegenüberstehen würde, wie man es tut, so würden solche Dinge, wie sie in diesem Sommer während des anthroposophischen Kongresses in Stuttgart aufgetreten sind, weit mehr beachtet werden.

Da hat zum Beispiel eine Lehrkraft dieser Waldorfschule gezeigt, wie einseitig das ist, was in neuerer Zeit an experimenteller Psychologie und Pädagogik für den Unterricht fruchtbar gemacht werden soll. Anthroposophie lehnt sich auch nicht gegen das auf, was in dieser Weise experimentierend auftritt, aber sie zeigt, dass das, was man so äußerlich am Menschenkind lernt, erst dann in der richtigen Weise fruchtbar werden kann, wenn man durch innere Anschauung auch in die Seele des Kindes hineinschaut.

Dem Unterricht werden nicht bloß experimentelle Ergebnisse über das Gedächtnis, über die Entwicklung der Verstandes- und Willenskräfte, über Ermüdung und so weiter zugrunde gelegt, die man äußerlich gewinnt und bei denen man der Menschenseele fernsteht. Was man auf diese Weise gewinnen kann, das wird erst fruchtbar, wenn man die Möglichkeit erlangt, in die Kindesseele hineinzuschauen – in diese wunderbare, rätselhafte Kindesseele, die sich vom ersten Kindestag, von Woche zu Woche, von Monat zu Monat entwickelt.

Hat man dafür das rechte Erkenntnisgefühl, dann ist man erst imstande zu erziehen. Und Anthroposophie kann, weil sie nicht bloß auf das Äußere geht, sondern den ganzen Menschen nach Leib, Seele und Geist erkennen lehrt, sie kann eine durchseelte und durchgeistigte Erziehungskunst schaffen. Eine Erziehungskunst ist das, was Anthroposophie an der Waldorfschule ausüben will, nicht irgendeine Weltanschauung wird den Kindern aufgepfropft.

So hat eine Lehrkraft der Waldorfschule die Bedeutung der Experimentalpsychologie besprochen und was sie durch weitere Vertiefung werden kann. Dr. von Heydebrand hat damit etwas außerordentlich Bedeutungsvolles dargestellt in Bezug auf die Würdigung einer einseitigen Entwicklungsströmung der gegenwärtigen Zeit.[3] Es wäre das in pädagogischen Kreisen viel mehr besprochen worden, wenn es nicht auf dem für viele antipathischen Boden der Anthroposophie erwachsen wäre.

Auch auf das soziale Leben kann Anthroposophie in lebendiger Weise einwirken. Auch dafür ein Beispiel, wenn es auch nur ein schwacher Anfang ist: Emil Leinhas hat ebenfalls auf dem Stuttgarter anthroposophischen Kongress einen Vortrag mit dem Titel *Der Bankerott der Nationalökonomie* gehalten und darin in geistvoller Weise eine Kritik der

---

3 Dr. C. v. Heydebrand, *Gegen Experimentalpsychologie und -pädagogik,* Stuttgart 1921.

gegenwärtigen Nationalökonomie gegeben.[4] Emil Leinhas zeigt, dass die Wirtschaftslehre für das soziale Leben unfruchtbar bleiben muss, wenn nicht das, was nur nach dem Muster naturwissenschaftlichen Denkens aufgefasst wird, durch die Erkenntnis der geistigen Kräfte ergänzt wird.

Wir sehen gerade auf sozialem Gebiet das Verheerende einer Denkweise, die das Naturwissenschaftliche auch in das soziale Leben hineintragen will. Sehen wir auf die furchtbaren Verheerungen, die immer größer werden, und die eine Bedrohung für ganz Europa und für das ganze zivilisierte Abendland bilden, sehen wir auf das, was im Osten Europas (Russland) in sozialer Beziehung geschieht, so werden wir uns bewusst, dass die inneren Gründe für das Auftauchen dieser zerstörerischen Kräfte die sind, dass man das soziale Leben nicht zu durchdringen wusste mit dem, was aus einer geistschauenden Erkenntnis hervorgeht.

Wenn man den Menschen so betrachtet, wie es die Wirtschaftslehrer des 19. und des beginnenden 20. Jahrhunderts getan haben, unbefruchtet von einer geistschauenden Erkenntnis, dann müssen zuletzt jene zerstörerischen sozialen Kräfte auftauchen, wie sie im Osten Europas aufgetaucht sind und zu einer Bedrohung der ganzen Welt in einem noch viel höheren Maße werden müssen, wenn nicht ein geistiges Element in unsere soziale Ordnung einzieht.

---

4 Emil Leinhas, *Der Bankerott der Nationalökonomie,* Stuttgart 1921.

Meine sehr verehrten Anwesenden! Damit habe ich nur auf einige Gebiete hingewiesen, in denen Anthroposophie befruchtend wirken kann – auf Gebieten der Wissenschaft und auf Gebieten des praktischen Lebens. Nur zum Schluss möchte ich das andeuten, was nicht das Letzte ist, obwohl es zuletzt genannt wird.

Indem anthroposophische Erkenntnis zum Anschauen des Ewigen in der Menschenseele führt, indem sie zum Erkennen dessen führt, was über Geburt und Tod hinausgeht, zum Ungeborenen und zum Unsterblichen im menschlichen Inneren, indem sie in die Welten hineinführt, in denen die Menschenseele lebt, wenn sie keinen physischen Leib trägt, lernt sie auch das erkennen, was in der Menschennatur noch tiefer, noch umfassender ist als das, was die Seele erlebt, wenn sie in der geistigen Welt vor der Geburt oder nach dem Tod ist.

Was in der Menschenseele gefunden wird, das erschöpft sich nicht in der Anschauung der physischen und der seelischen Welt. Nachdem man die beiden Welten erkennen gelernt hat, lernt man im menschlichen Inneren etwas erkennen, was sich als Zusammenfassung dieser zwei Welten offenbart. Das ist der ewige Wesenskern des Menschen, das Ich oder der Geist, der durch wiederholte Erdleben hindurchgeht, sodass sich das menschliche Leben aus Stücken zusammensetzt, die zwischen Geburt und Tod, und aus Stücken, die zwischen dem Tod und einer neuen Geburt liegen.

Indem man den Kosmos seinem geistigen Inhalt nach erkennen lernt, lernt man auch auf Zeiten hinzuschauen, in denen der Mensch noch dem kosmischen Dasein verwandt war. Da gab es noch keine wiederholten Erdleben. Und wenn der Mensch wieder einen innigen Zusammenschluss mit dem Kosmos haben wird, werden auch die wiederholten Erdleben aufhören. Aber für eine lange Zeitdauer haben wir durch die Kräfte, die ich geschildert habe, das zu beobachten, was man wiederholte Erdleben nennen kann.

Dadurch, dass man in erkenntnismäßiger Weise zur geistigen Welt hingeführt wird, wird auch das menschliche Fühlen mitgenommen. Dieses menschliche Fühlen, insofern es sich in der religiösen Frömmigkeit auslebt, es kann nur eine Vertiefung dadurch erfahren, dass vor die menschliche Seele erkenntnismäßig das hingestellt wird, was ewig in der Seele und was ewig im Kosmos ist.

Anthroposophie will nicht irgendeine sektiererische Bewegung in der Welt begründen. Sie will auch nicht eine neue Religion stiften. Sie ist etwas, was wissenschaftlich streben will, was aber durch seine besondere Art des wissenschaftlichen Strebens niemals zu einer bloßen Spezialität (Fachgebiet) werden kann. Daher kann man nicht sagen, Anthroposophie sei etwas wie Botanik oder Zoologie oder Geometrie, die in ihren höheren Partien nur von einigen Spezialisten erkannt werden können.

Anthroposophie ist etwas, was jeden Menschen angeht. Die Geistesentwicklung der Menschheit wird es mit sich bringen, dass sie immer mehr Menschen angehen wird. Jeder Mensch kann durch das, was in ihm selbst Leib, Seele und Geist ist, das verstehen, was Anthroposophie als Ergebnis mühseliger Forschung vor die Welt hinzustellen hat.

Dadurch aber, dass die übersinnliche Welt als Forschungsergebnis auftritt, wird das religiöse Leben dem Menschen nicht genommen, sondern es wird vertieft. Religionen hätten allen Grund, zur Anthroposophie als zu etwas hinzuschauen, was ihnen eine Hilfeleistung bieten kann, was den Menschen gerade das geben kann, was sie brauchen, um wieder zur religiösen Frömmigkeit zu kommen, nachdem das Leben von dieser religiösen Frömmigkeit viel weggenommen hat.

Es ist ein völliges Missverständnis, wenn man glaubt, dass die religiöse Frömmigkeit, das religiöse Leben durch Anthroposophie gefährdet wird. Auch dieses Gebiet ist ein solches, wo Anthroposophie befruchtend wirken kann. Wer durchschaut, auf was es ankommt, der wird sich sagen, dass gerade Anthroposophie dem entgegenkommt, wohin die tiefsten Sehnsüchte der Gemüter des modernen Menschen gehen.

Und soll ich kurz am Schluss in wenigen Worten das zusammenfassen, was ich versucht habe, als das Wesen der Anthroposophie zu schildern, so möchte ich Folgendes sagen:

Der Mensch steht vor uns mit seiner leiblichen Gestalt. Wir schauen ihn an. Aus seinem tiefsten Inneren spricht ein Geistiges. Aus seinem Antlitz, aus jeder seiner Bewegungen spricht es. Wir haben nicht den ganzen Menschen vor uns, wenn wir nicht dieses Geistige in dem Leiblichen sehen.

Die Naturwissenschaft hat es im Laufe der letzten drei bis vier Jahrhunderte zu einer hohen Vollendung gebracht. Anthroposophie will nicht auf Laientum, auf Dilettantismus bauen, auch wenn sie für jeden Menschen ist. Der anthroposophische Forscher möchte echte Wissenschaftlichkeit zur Entfaltung gebracht wissen. Damit aber ist er sich klar, dass die Naturwissenschaft, die Triumphe gefeiert hat und bedeutsam ins praktische Leben nach der Außenseite hin eingegriffen hat, dass diese Naturwissenschaft etwas Äußeres darstellt, was mit dem Leiblichen des Menschen zu vergleichen ist.

Überall, wohin man mit den Erkenntnissen der Naturwissenschaft ausgerüstet schaut, tritt einem etwas entgegen, wie es einem aus der menschlichen Physiognomie, aus den menschlichen Bewegungen entgegentritt. Es tritt einem etwas Seelisches entgegen. Das Naturerkennen weist durch seine «Physiognomie», durch die Art und Weise, wie es sich entwickelt, auf das Seelische hin.

So wie der natürliche Mensch in seiner Leibesgestaltung den Geist und die Seele offenbart, so offenbart die naturwissenschaftliche Erkenntnis eine auf das Geistige und das Seelische gehende Erkenntnis. Was Menschenseele und Menschengeist im Menschenkörper sind, das, meine sehr verehrten Anwesenden – also Seele und Geist in der Erkenntnis –, das möchten für eine wirkliche Naturwissenschaft die anthroposophischen Wege und Ergebnisse sein.

– 33 –

kennen entgegen. Ich möchte sagen: das Naturerkennen kann durch seine Physiognomie, durch die Art und Weise, wie es sich entwickelt, auf dieses Geistig-Seelische einer besonderen Erkenntnis hinweisen. So wie der natürliche Mensch in seiner Leibesgestaltung den Geist, die Seele offenbart, so offenbart wahre, naturwissenschaftliche Erkenntnis eine auf das Geistig-Seelische gehende höhere, übersinnliche Erkenntnis. Das, was Menschenseele und Menschengeist im Menschenleibe, im Menschenkörper sind, das, m.s.v.A.,also Seele und Geist in der Erkenntnis, möchten für eine wirkliche Naturwissenschaft die anthroposophischen Wege, die anthroposophischen Ergebnisse sein.

☿ ✝ ✝ ✝ ✝ ✝ ✝

Steno Hml.

Das Wesen der Anthroposophie

- - - - - - - - - - - - - - - - -

*

Vortrag

von

Dr. Rudolf Steiner.

Köln, den 23. Januar 1922.   Grosser Gürzenichsaal.

Meine sehr verehrten Anwesenden.

Anthroposophie wird heute noch von vielen Menschen, die sie nur von aussenher anzuschauen in der Lage sind, für einen mehr oder weniger fantastischen Versuch hingenommen, durch Erkenntniss in Weltgebiete eindringen zu wollen, mit denen sich ein ernster Wissenschafter nichts zu tun machen soll. Und es ist richtig, dass Anthroposophie durch die Entwicklung besonderer Erkenntnisskräfte in Lebensgebiete eindringen will, die dem Menschen vor allen Dingen wichtig sind, und zu denen Naturwissenschaft mit ihren grossen Triumphen, die gerade von Anthroposophie voll anerkannt werden, keinen Zugang hat. Man muss allerdings sagen, /m/ dass es heute schon durchaus ernst zu nehmende Wissenschafter giebt, welche sich befassen mit allerlei abnormen menschlichen Seelen-Körperkräften, die darauf hinweisen, wie der Mensch Wirkungen entwickeln kann, die zeigen, dass er durchaus noch in anderer Weise in der Welt wurzelt, als durch blosse Naturwissenschaft festgestellt werden kann. Allein gerade solche ernst zu nehmende Wissenschafter finden den Weg, den Anthroposophie einschlägt, gerade fantastisch. Sie finden ihn der Schwärmerei oder vielleicht sogar dem Aberglauben ausgesetzt; jedenfalls finden sie ihn nicht als einen wissenschaftlich ernst zu nehmenden Weg.

Nun muss man wirklich sagen: Diejenigen Menschen, die zur Schwärmerei, zur nebelhaften Mystik neigen, und die von der Art sind, dass sie

53

Zu dieser Ausgabe

Dieser öffentliche Vortrag ist 2012 im Archiati Verlag (heute: Verlag *Rudolf Steiner Ausgaben*) zum ersten Mal in gedruckter Form veröffentlicht worden. Zugrunde liegt eine maschinengeschriebene Klartextnachschrift mit dem Titel: «Das Wesen der Anthroposophie». Auf der letzten Seite (s. Faksimile S. 52) findet sich der Vermerk «Steno Hml.». Dies bedeutet, dass das Stenogramm von Hedda Hummel erstellt wurde. Der Text weist deutliche Züge einer redaktionellen Bearbeitung auf. Die erste Seite ist auf S. 53 faksimiliert wiedergegeben. Der Leser kann die Klartextnachschrift in vollem Umfang auf der Webseite der *Rudolf Steiner Ausgaben* einsehen.

Um die Lektüre einer breiteren Leserschaft zugänglich zu machen, sind manche Wörter, die nicht jedem geläufig sein dürften, in Klammern erläutert worden, z. B. okkult (verborgen), fantastisch (irrational), neurasthenisch (nervenschwach). Titel und Inhaltsangaben stammen vom Redakteur.

Entwicklung von Erde und Mensch

7 planetarische Zustände der Erde:	1. Saturn-, 2. Sonnen-, 3. Monderde, 4. Erde (jetziger Planet), 5. Jupiter-, 6. Venus-, 7. Vulkanerde
7 geologische Zeiten der jetzigen Erde:	1. Polarische, 2. hyperboräische, 3. lemurische, 4. atlantische Erdzeit 5. nachatlantische (die jetzige), 6., 7. Erdzeit
7 Kulturperioden der «nach-atlantischen» Zeit (je 2160 J.):	1. Indische, 2. persische, 3. ägypt.-chaldäische, 4. griech.-römische Kulturper. (747 v.–1413 n.Chr.); 5. unsere Kulturper. (1413–3573 n.Chr.), 6., 7. Kulturper.

Das Wesen des Menschen

3 Körper-Hüllen:	1. Physischer Körper, 2. Ätherleib, Bildekräfteleib, 3. Astralleib
3 Seelen-Kräfte:	1. Empfindungsseele, 2. Gemüts- oder Verstandesseele, 3. Bewusstseinsseele
3 Geistes-Glieder:	1. Geistselbst (höheres Ich), 2. Lebensgeist, 3. Geistesmensch
Aus 9 wird 7:	1. Physischer Leib, 2. Ätherleib, 3. Astralleib, 4. Ich, 5. Geistselbst, 6. Lebensgeist, 7. Geistesmensch

Dreiheit in Mensch und Welt

Geistige Wesen:	«Luzifer»	«Christus»	«Ahriman»
Evangelium:	«Diabolos»	Streben nach Gleich-gewicht	«Satanas»
Geistig:	Spiritualismus		Materialismus
Seelisch:	Schwärmerei		Pedanterie
Physisch:	Entzündung		Sklerose
Moralisch:	hemmend	fördernd	hemmend

Naturelemente

Ätherwelt:	Wärmeäther	Lichtäther	Ton-/Zahlenäther	Lebensäther
Phys. Welt:	Wärme	Luft	Wasser	Erde
Unternatur:	Schwerkraft	Elektrizität	Magnetismus	Atomkraft
Naturgeister:	Salamander	Sylphen	Undinen	Gnome

Stufen der Einweihung

1. Imagination:	Bilder sehen – in der Akasha-Chronik (Ätherwelt)
2. Inspiration:	Worte hören – in der Seelenwelt (Astralwelt)
3. Intuition:	Wesen erkennen – in der geistigen Welt (Devachan)

Rudolf Steiner (1861-1925) ergänzt die moderne Naturwissenschaft durch eine umfassende Geisteswissenschaft, die Anthroposophie, die in der heutigen Kultur eine einzigartige Herausforderung zur Überwindung des Materialismus ist, der die Menschheit in den Untergang zu führen droht.

Die Anthroposophie hat ihre Fruchtbarkeit vor allem in der Erneuerung verschiedener Lebensbereiche gezeigt: der Erziehung, der Medizin, der Kunst, der Landwirtschaft. Der Wahrheitsgehalt der Geisteswissenschaft lag Rudolf Steiner ganz besonders am Herzen, weil er in ihm den Inspirations- und Kraftquell für alle äußere Tätigkeit sah.

Von den Vorträgen Rudolf Steiners sind Klartextübertragungen und Nachschriften unterschiedlicher Qualität erhalten. Die Vorträge lagen bis vor Kurzem überwiegend in einer stark bearbeiteten Fassung vor. Die ursprünglichen Klartextübertragungen, die zu Beginn des 21. Jahrhunderts der Öffentlichkeit zugänglich gemacht worden sind, machen es möglich, dem von Rudolf Steiner gesprochenen Wort näherzukommen.